Versión Española

Aprender a través de la sabiduría: libros bilingües de sabiduría para niños de 7 a 10 años

Español e inglés

Cultivar los valores y las habilidades lingüísticas con actividades interactivas y proverbios atemporales

Contenido

Reconocimientos

Por sus comentarios sobre partes de este manuscrito,

en diversas formas.Agradezco a Mary Akers, Judith

Beck, Katrina Denzil y Alicia Gifford.Carrie

Hernández, Kirsten Menger-Anderson.

Y Rob Roberge. También estoy en deuda con Randa

Jarrar, Maud Newton y Mark Saryas, por su fe y

aliento; Junot Díaz, Whitney Otto. Y Diana Abu-

.Taber, por su generosidad; Lana Salah Barkawi, Lee

Chapman, Susan Muaddi Darraj y Tracey Cooper,

por su tremendo aliento durante la escritura de este

libro; y Shah. = Fain, por el regalo del tiempo.

Muchas gracias a mi agente, Stéphanie Abou. Por su

paciencia y dedicación: mis amigos de la Agencia

Literaria Joy Harris.

Por su compromiso; mi editora, Antonia Fusco, por

sus perspicaces comentarios y entusiasmo; y todos en

Algonquin Books, por su arduo trabajo. Gracias a mis

padres, Stefan y Madida Lalami, por muchas discusiones animadas durante la escritura de este libro; a mi hermana y hermanos, que siempre actuaron como si pudiera, y lo hice; y a Sophie, por nunca dejarme olvidar lo que más importa. Sobre todo, gracias a Alexander Yera, por mantener la fe, incluso cuando no lo hice.

Introducción

¿Alguna vez te has preguntado de dónde vienen las palabras más geniales, divertidas e inspiradoras? Bueno, abróchense el cinturón, detectives de palabras, porque estamos a punto de embarcarnos en una emocionante aventura: ¡buscar cotizaciones!

Sin embargo, olvídate de los picos y las palas. Este tipo de minería ocurre con tu mente, explorando libros, películas, canciones, incluso conversaciones cotidianas, buscando esas pepitas de sabiduría, ingenio y maravilla que nos hacen pensar, reír y sentir.

Imagina un mundo en el que cada frase es un cofre del tesoro potencial, a la espera de desbloquear una joya oculta. Aprenderemos cómo detectar estas gemas, cómo pulirlas y cómo usarlas para construir nuestro propio tesoro de conocimiento e inspiración.

Pero espera, ¡hay más! También descubriremos el poder de compartir nuestras citas con otros, como construir una montaña gigante y brillante de palabras que todos puedan disfrutar.

Entonces, ¿estás listo para dar rienda suelta a tu minero de cotizaciones interno? ¡Agarra tu curiosidad, tu imaginación y una sonrisa, porque esta aventura está a punto de volverse cotabulosa!

In the living room

En el cálido resplandor del sol de la tarde que corría

por la ventana de la sala, Valeria y Domingo, dos

niños curiosos con ojos brillantes de asombro,

salpicaron a su madre, Isabella, con preguntas. Sus

voces, como el tintineo de campanillas de viento,

llenaban el aire mientras rebotaban a su alrededor como cachorros excitados.

- ¡Mamá, mamá! Valeria, la mayor de las dos con trenzas rojas ardientes, tiró de la manga de Isabella. "¿Qué significa, 'En casa del herrero, cuchillo de palo'?"

Domenico, su hermano, con los ojos marrones abiertos con igual curiosidad, intervino: "¿Y qué hay de 'Camarón que se duerme, se lo lleva la corriente'?"

Isabella sonrió, su corazón se hinchó de amor por sus inquisitivos hijos. A los 45 años, su vida había adquirido un nuevo tipo de riqueza, alimentada por su insaciable sed de conocimiento.

-Ah -dijo, su voz cálida y acogedora-, esos son proverbios, pequeños. Son como pequeñas cápsulas de sabiduría transmitidas de generación en generación, cada una con una historia en su interior.

Intrigados, Valeria y Domingo se posaron en la alfombra de felpa a su lado, con los ojos pegados a la cara de su madre. Isabella, siempre la narradora, se levantó y recuperó un gran libro encuadernado en cuero del estante al lado de su escritorio. Su desgastada columna vertebral y sus páginas amarillentas susurraban cuentos de tiempos pasados.

"Acérquense, mis queridos", dijo, su voz adquiriendo un tono teatral. "Déjame transportarte a un mundo donde los proverbios cobran vida".

Con una floritura, abrió el libro y la sala de estar se transformó. El olor a pergamino viejo llenaba el aire, y el crepitar de la chimenea parecía resonar con el murmullo de voces olvidadas.

"Érase una vez", comenzó Isabella, con su voz tejiendo un tapiz de palabras, "en un pueblo enclavado en medio de colinas onduladas, vivía un renombrado herrero llamado Miguel. Su fragua, una sinfonía de martillos retumbantes y llamas crepitantes, era conocida en todas partes por su exquisita orfebrería. Sin embargo, los cuchillos de cocina de Miguel estaban desafilados y astillados, un testimonio de la verdad en 'En casa del herrero, cuchillo de palo'".

Valeria jadeó, "¿Pero por qué, mamá? ¿Por qué no se haría buenos cuchillos?

Isabella se rió entre dientes: -Porque, mi querida, a veces, cuando estamos ocupados arreglando el mundo que nos rodea, descuidamos nuestras propias necesidades. Al igual que Miguel, centrado en la elaboración de obras maestras para los demás, se olvidó de cuidar sus propias herramientas humildes.

Domenico, con el ceño fruncido por el pensamiento, preguntó: "¿Y qué pasa con los camarones dormidos?"

La sonrisa de Isabella se ensanchó. - ¡Ah, el 'Camarón que se duerme'! Imagina un arrecife de coral vibrante y lleno de vida. Un pequeño camarón, arrullado por la suave corriente, se queda dormido, ajeno a la marea que se aproxima. Cuando se despierta, arrastrado por el poderoso flujo, se da cuenta del peligro de dormir en un mundo que nunca duerme. Esto, queridos míos, es un recordatorio para estar alerta, para aprovechar las oportunidades, porque la vida es una corriente fugaz que no espera a nadie.

Los niños estaban cautivados, su imaginación pintaba imágenes vívidas de la fragua de Miguel y los camarones adormecidos. A medida que la luz de la tarde se suavizaba, Isabella continuó su viaje narrativo, cada proverbio se desplegaba como un tapiz vibrante.

Con "Más vale ser cabeza de ratón que cola de león", los transportó a un bullicioso mercado, donde un ratón pequeño pero ingenioso superó a un león perezoso, demostrando que incluso los pequeños pueden lograr grandes cosas.

"El que mucho abarca, poco aprieta" se convirtió en una historia de advertencia de un malabarista que, en su ambición de impresionar, dejó caer todas sus pelotas, enseñándoles el valor del enfoque y priorizando las tareas.

Y finalmente, con "Al mal tiempo, buena cara", desafiaron una furiosa tormenta, aprendiendo de un viejo árbol sabio que incluso frente a la adversidad, una actitud positiva puede superar cualquier dificultad.

Sabiduría 1: En casa del herrero, cuchillo de palo
Jaqueline y Bembe

En el pintoresco barrio de A Coruña, España, donde la primavera florecía con colores vibrantes y el aire se llenaba con el dulce aroma de las flores, dos jóvenes amigos llamados Jaqueline y Bembe vivían en un encantador barrio adornado con calles empedradas y pintorescas casas. Jaqueline, con sus cálidos ojos marrones que brillaban como castañas, su piel extremadamente blanca que parecía capturar la pureza de la primavera y su cabello castaño que fluía como un suave arroyo, residía en una casa enclavada entre jardines en flor.

Bembe, su compañera aventurera, tenía ojos grises que reflejaban los cielos nublados, piel blanca clara que contrastaba con los vivos tonos de la temporada y cabello negro que brillaba como los adoquines húmedos después de una lluvia de primavera. Juntos, exploraron los callejones y parques que definían su tranquilo refugio.

Una mañana soleada, mientras los pájaros cantaban y el aroma de las flores recién florecidas flotaba en el aire, Jaqueline y Bembe decidieron embarcarse en una aventura por el corazón de A Coruña. El barrio, lleno de la vitalidad de la primavera, parecía invitarlos a explorar sus encantadores rincones.

Su primera parada fue la bulliciosa plaza de la ciudad, donde los vendedores instalaron puestos con coloridas exhibiciones de frutas, verduras y artesanías hechas a mano. El aire estaba vivo con el parloteo de los lugareños y el tentador aroma de los productos frescos. Jaqueline y Bembe, con los ojos llenos de asombro, paseaban por el animado mercado.

En el corazón de la plaza, se encontraron con Abuelo Antonio, un anciano sabio con un bastón adornado con tallas de flores. Abuelo Antonio, con un brillo en los ojos, saludó a los niños. Comenzó a compartir cuentos de viejos refranes y proverbios, cada uno con una pepita de sabiduría. Entre ellas se encontraba la frase "En casa del herrero, cuchillo de palo".

Abuelo Antonio explicó a Jaqueline y Bembe que este dicho enseñaba la importancia de reconocer la ironía en ciertas situaciones. Los niños, cautivados por los cuentos de Abuelo Antonio, absorbieron la sabiduría que flotaba en el aire primaveral.

Intrigados por las lecciones del viejo dicho, Jaqueline y Bembe decidieron embarcarse en su propia aventura por el distrito con una nueva comprensión. Abuelo

Antonio, con una sonrisa de complicidad, los animó a abrir sus corazones a las lecciones que les esperaban.

Su viaje los llevó a un encantador parque, donde los cerezos en flor adornaban los caminos con delicados pétalos rosados. Jaqueline y Bembe, guiados por la sabiduría del viejo dicho, notaron a un grupo de niños jugando bajo la sombra de un enorme roble.

Cuando se unieron a las actividades lúdicas, Jaqueline y Bembe se dieron cuenta de que las apariencias a veces podían ser engañosas. La lección de "En casa del herrero, cuchillo de palo" se hizo evidente: incluso el hábil herrero podría haber pasado por alto la elaboración de un cuchillo para su propia casa, tal como esperaban encontrar un cuchillo de madera en la casa de un herrero.

Su aventura continuó hasta un histórico taller de herrería, donde el rítmico estruendo de los martillos contra los yunques resonaba en el aire. Los niños, guiados por la sabiduría del viejo refrán, notaron al herrero trabajando diligentemente en piezas de metal.

Al observar al hábil artesano, Jaqueline y Bembe aprendieron que la experiencia en un área no necesariamente se extendía a todos los aspectos de la vida. La lección de "En casa del herrero, cuchillo de palo" resonó en el taller, recordándoles que reconozcan sus fortalezas y debilidades con humildad.

Su última parada fue una acogedora panadería, donde el aroma de pan y pasteles recién horneados atraía a los transeúntes. Jaqueline y Bembe, inspirados por las lecciones del día, decidieron probar suerte en la repostería. La panadera, una jovial señora llamada Carmen, les dio la bienvenida con los brazos abiertos.

La señora Carmen, con un brillo en los ojos, les entregó delantales y los guió a través del proceso de elaboración de dulces. A medida que el horno llenaba la panadería con el delicioso aroma de la cocción, Jaqueline y Bembe aprendieron que cada uno tenía su propia experiencia. La lección de "En casa del herrero, cuchillo de palo" los guió a apreciar las habilidades y talentos únicos de cada individuo.

Mientras disfrutaban de sus golosinas recién horneadas, Jaqueline y Bembe sintieron un calor en sus corazones. La lección de "En casa del herrero, cuchillo de palo" había impregnado su día, recordándoles que debían comprender y aceptar las peculiaridades e ironías de la vida.

Cuando el sol comenzó a ponerse sobre A Coruña, proyectando un cálido resplandor sobre las calles empedradas, Jaqueline y Bembe se encontraron de nuevo en su casa rodeada de jardines. Abuelo Antonio les dio la bienvenida con una sonrisa de complicidad, sintiendo las historias de sabiduría que llevaban en sus corazones.

Los niños relataron sus aventuras, compartiendo las lecciones que habían aprendido sobre el proverbio

"En casa del herrero, cuchillo de palo". Abuelo

Antonio escuchó con un gesto gentil, reconociendo la

sabiduría que habían adquirido.

Les recordó que A Coruña prosperó no solo por su

belleza histórica, sino también por los corazones

abiertos y la comprensión de sus habitantes. La

lección de reconocer la ironía y apreciar las cualidades

únicas de cada uno los guiaría a través del viaje de la

vida.

Cuando las estrellas comenzaron a brillar arriba,

Jaqueline y Bembe se instalaron en su jardín, con el

corazón calentado por las lecciones de la primavera.

La sabiduría atemporal de "En casa del herrero,

cuchillo de palo" sería una luz guía, asegurando que A

Coruña siguiera siendo un lugar donde la

comprensión, la humildad y la aceptación florecieron

para las generaciones venideras.

Sabiduría 2 : Camarón que se duerme, se lo lleva la corriente

Jessica y Benedicto

En la serena isla de Valladolid, España, donde el invierno lanzaba su suave hechizo y el aire se llenaba con el fresco aroma del pino, dos jóvenes amigas llamadas Jessica y Benedicto vivían en una encantadora cabaña rodeada de paisajes cubiertos de nieve y el relajante sonido de las olas. Jessica, con sus encantadores ojos grises que reflejaban el cielo invernal, su piel clara que brillaba como la nieve fresca y su cabello rojo ardiente que se destacaba contra el telón de fondo blanco, residía en una casa enclavada entre pinos.

Benedicto, su curiosa compañera, tenía ojos verdes que reflejaban la exuberante vegetación de la isla incluso en invierno, una piel de color blanco medio a

marrón claro que abarcaba la estación fría y un

cabello castaño que parecía imitar la tierra bajo la nieve. Juntos, exploraron los caminos helados y los rincones secretos de su santuario isleño.

Una mañana fría, mientras el sol pintaba el cielo en tonos rosados y dorados, Jessica y Benedicto decidieron embarcarse en una aventura invernal por el corazón de Valladolid. La isla, adornada con ramas cubiertas de escarcha y cubierta por una capa de nieve prístina, les hizo señas para que exploraran sus reinos mágicos.

Su primera parada fue un lago congelado, donde el hielo brillaba como un campo de diamantes bajo el sol de la mañana. Mientras se deslizaban por la superficie helada, sus risas resonaban en el paisaje

silencioso. El aire estaba lleno de la promesa de
aventuras invernales.

En medio de su juego helado, se encontraron con
Abuela Isabella, una anciana sabia con un chal
envuelto en sus hombros. Abuela Isabella, con un
brillo en los ojos, saludó a los niños. Comenzó a

compartir cuentos de viejos refranes y proverbios, cada uno con una pepita de sabiduría. Entre ellas se encontraba la frase "Camarón que se duerme, se lo lleva la corriente".

Abuela Isabella explicó a Jessica y Benedicto que este dicho enseñaba la importancia de mantenerse alerta y proactivo en la vida. Los niños, cautivados por los cuentos de Abuela Isabella, absorbieron la sabiduría que flotaba en el aire invernal.

Intrigados por las lecciones del viejo dicho, Jessica y Benedicto decidieron embarcarse en su propia aventura por la isla con una nueva comprensión. Abuela Isabella, con una sonrisa de complicidad, los animó a abrir sus corazones a las lecciones que les esperaban.

Su viaje los llevó a un pintoresco pueblo enclavado entre pinos, donde el humo se encrespaba de las chimeneas y el aroma del cacao caliente permanecía en el aire. Jessica y Benedicto, guiados por la sabiduría del viejo dicho, notaron a un grupo de aldeanos colaborando para construir un muñeco de nieve.

Cuando se unieron a los aldeanos en su esfuerzo nevado, Jessica y Benedicto se dieron cuenta de la importancia de mantenerse activos y comprometidos con su comunidad. La lección de "Camarón que se duerme, se lo lleva la corriente" se hizo evidente: así como un camarón arrastrado por la corriente puede perder la belleza del mar, una persona que se duerme ante las oportunidades de la vida puede perder las alegrías de la comunidad.

Su aventura continuó hacia un denso bosque de pinos, donde los árboles se erguían altos y orgullosos, con las ramas cargadas de nieve. Los niños, guiados por la sabiduría del viejo dicho, notaron una familia de pájaros que trabajaban juntos para construir un nido acogedor en el refugio de las ramas.

Mientras observaban las aves diligentes, Jessica y Benedicto aprendieron que el trabajo en equipo y la cooperación eran esenciales para enfrentar los desafíos de la vida. La lección de "Camarón que se duerme, se lo lleva la corriente" resonó en el bosque nevado, recordándoles que deben ser proactivos y trabajar juntos para crear calidez y seguridad.

Su última parada fue un acantilado azotado por el viento con vistas al océano, donde las olas se estrellaron contra las rocas, creando una fascinante danza de mar y cielo. Jessica y Benedicto, inspirados por las lecciones del día, decidieron construir un velero improvisado a partir de ramas y hojas caídas.

Mientras su improvisado barco navegaba en un pequeño charco, Jessica y Benedicto sintieron una sensación de aventura y descubrimiento. La lección de

"Camarón que se duerme, se lo lleva la corriente" los guió a navegar las corrientes de la vida con conciencia y valentía.

Mientras el sol se sumergía bajo el horizonte, proyectando un cálido resplandor sobre Valladolid, Jessica y Benedicto se encontraron de nuevo en su acogedora cabaña. Abuela Isabella les dio la bienvenida con una sonrisa de complicidad, sintiendo las historias de sabiduría que llevaban en sus corazones.

Los niños relataron sus aventuras, compartiendo las lecciones que habían aprendido sobre el proverbio "Camarón que se duerme, se lo lleva la corriente". Abuela Isabella escuchó con un gesto gentil, reconociendo la sabiduría que habían ganado.

Les recordó que Valladolid prosperaba no solo por su belleza invernal, sino también por los corazones activos y vigilantes de sus habitantes. La lección de mantenerse alerta y comprometido con las corrientes de la vida los guiaría a través de futuras exploraciones.

Mientras las estrellas brillaban arriba, Jessica y Benedicto se instalaron junto a la chimenea, con el corazón calentado por las lecciones del invierno. La sabiduría atemporal de "Camarón que se duerme, se lo lleva la corriente" sería una luz guía, asegurando que Valladolid siguiera siendo un lugar donde los espíritus proactivos navegaban por las corrientes de la vida con alegría y resiliencia para las generaciones venideras.

Sabiduría 3 : Más vale ser cabeza de ratón que cola de león

Julia y Berto

En un lejano pueblo enclavado entre las colinas doradas de Tarragona, España, donde el otoño pintaba el paisaje en tonos rojos y dorados, dos jóvenes amigos llamados Julia y Berto vivían en una pintoresca casa de campo rodeada de viñedos y huertos. Julia, con sus fascinantes ojos verdes que reflejaban los colores de las hojas de otoño, su piel blanca y clara que brillaba como una luna de cosecha y su cabello gris que fluía como mechones de nubes plateadas, residía en una casa adornada con hiedra trepadora.

Berto, su animada compañera, tenía ojos color avellana que capturaban el calor del sol otoñal, una piel de color marrón oliva a moderado que abrazaba el cambio de estación y un cabello rojo que imitaba los tonos ardientes de las hojas que caían. Juntos, exploraron los sinuosos caminos y rincones escondidos de su encantador pueblo.

Una mañana fresca, mientras el aroma de las uvas y manzanas recién cosechadas llenaba el aire, Julia y

Berto decidieron embarcarse en una aventura otoñal por el corazón de Tarragona. El pueblo, animado por las bulliciosas actividades de la cosecha, los invitó a explorar sus encantadores alrededores.

Su primera parada fue la plaza del pueblo, donde los vendedores mostraban una gran cantidad de frutas,

verduras y artesanías hechas a mano. El aire estaba lleno de la animada charla de los aldeanos y las dulces melodías de los músicos. Julia y Berto, con los ojos muy abiertos de emoción, paseaban por el vibrante mercado.

En el corazón de la plaza, se encontraron con Abuelo Miguel, un sabio anciano con un bastón tallado en una rama nudosa. Abuelo Miguel, con un brillo en los ojos, saludó a los niños. Comenzó a compartir cuentos de viejos refranes y proverbios, cada uno con una pepita de sabiduría. Entre ellas estaba la frase

"Más vale ser cabeza de ratón que cola de león".

"Mejor ser cabeza de ratón que cola de león".

Abuelo Miguel explicó a Julia y Berto que este dicho enseñaba la importancia de abrazar las propias fortalezas y capacidades en lugar de aspirar a la grandiosidad. Los niños, cautivados por los cuentos de Abuelo Miguel, absorbieron la sabiduría que flotaba en el aire otoñal.

Intrigados por las lecciones del viejo dicho, Julia y Berto decidieron embarcarse en su propia aventura por el pueblo con una nueva comprensión. Abuelo Miguel, con una sonrisa de complicidad, los animó a abrir sus corazones a las lecciones que les esperaban.

Su viaje los llevó a un viñedo bañado por el sol, donde hileras de vides se extendían hasta donde alcanzaba la vista. Julia y Berto, guiados por la sabiduría del viejo dicho, notaron un grupo de aldeanos que trabajaban juntos para cosechar las uvas maduras.

Cuando se unieron a las festividades de la cosecha, Julia y Berto se dieron cuenta de que cada contribución, por pequeña que fuera, jugaba un papel vital en el éxito del pueblo. La lección de "Más vale ser cabeza de ratón que cola de león" se hizo evidente: ser un líder en una capacidad modesta era más valioso que ser un seguidor en una gran capacidad.

Su aventura continuó hacia un pintoresco huerto, donde los manzanos se inclinaban bajo el peso de manzanas rojas y regordetas. Los niños, guiados por la sabiduría del viejo dicho, notaron una familia de pájaros construyendo un acogedor nido en las ramas.

Mientras observaban a las diligentes aves, Julia y Berto aprendieron que encontrar satisfacción en sus propias habilidades y circunstancias era una fuente de fortaleza. La lección de "Más vale ser cabeza de ratón que cola de león" resonó en el huerto, recordándoles que apreciaran las cualidades y talentos únicos que poseían.

Su última parada fue una tranquila ladera con vistas al pueblo, donde la brisa otoñal transmitía el aroma de la fruta madura y la risa distante de los niños. Inspirados por las lecciones del día, Julia y Berto decidieron crear un mural sobre una gran roca, que representa la belleza y la armonía de su pueblo.

Mientras pintaban las vibrantes escenas, Julia y Berto sintieron una sensación de orgullo y satisfacción. La lección de "Más vale ser cabeza de ratón que cola de león" los guió a celebrar su individualidad y hacer un impacto positivo dentro de su propio ámbito.

Cuando el sol comenzó a ponerse, proyectando un cálido resplandor sobre Tarragona, Julia y Berto se encontraron de nuevo en su acogedora cabaña.

Abuelo Miguel les dio la bienvenida con una sonrisa

de complicidad, sintiendo las historias de sabiduría que llevaban en sus corazones.

Los niños relataron sus aventuras, compartiendo las lecciones que habían aprendido sobre el proverbio "Más vale ser cabeza de ratón que cola de león". Abuelo Miguel escuchó con un gesto gentil, reconociendo la sabiduría que habían adquirido.

Les recordó que Tarragona prosperaba no solo por su belleza otoñal, sino también por los corazones contentos y los espíritus humildes de sus habitantes. La lección de reconocer el valor de las propias habilidades y contribuciones los guiaría a través del viaje de la vida.

Mientras las estrellas brillaban en el cielo nocturno, Julia y Berto se instalaron junto a la chimenea, con el corazón calentado por las lecciones del otoño. La sabiduría atemporal de "Más vale ser cabeza de ratón que cola de león" sería una luz guía, asegurando

Sabiduría 4: El que mucho abarca, poco aprieta
Karla y Bienvenido

En el bullicioso suburbio de la ciudad de Córdoba,
España, donde el sol del verano bañaba las calles con
calor y el aire estaba lleno de los vibrantes sonidos de
la vida, dos jóvenes amigos llamados Karla y
Bienvenido vivían en un barrio adornado con

coloridas flores y animados mercados. Karla, con sus cautivadores ojos color avellana que reflejaban los innumerables tonos del verano, su piel de color blanco medio a marrón claro que brillaba bajo el abrazo del sol y su cabello rubio que brillaba como rayos dorados, residía en una encantadora casa rodeada de buganvillas en flor.

Bienvenido, su animada compañera, tenía unos ojos de color ámbar que brillaban con la energía del verano, una piel extremadamente blanca que reflejaba el brillo de la estación y unas canas que añadían un toque de sabiduría a su aspecto juvenil. Juntos, exploraron las vibrantes calles y los rincones escondidos de su animado suburbio.

Una mañana soleada, mientras el aroma de las delicias de los vendedores ambulantes flotaba en el aire, Karla y Bienvenido decidieron embarcarse en una aventura de verano por el corazón de Córdoba. El suburbio, lleno del ajetreo y el bullicio de la temporada, los invitó a explorar sus encantadores alrededores.

Su primera parada fue la plaza central, donde se desarrolló un animado mercado con vendedores que mostraban una gran variedad de frutas, verduras y artesanías hechas a mano. El aire estaba lleno de la animada charla de la gente del pueblo y las melodías de los músicos callejeros. Karla y Bienvenido, con los ojos muy abiertos de emoción, pasearon por el vibrante mercado.

En el corazón de la plaza, se encontraron con Abuela Rosa, una sabia anciana con un colorido chal sobre los hombros. Abuela Rosa, con un brillo en los ojos, saludó a los niños. Comenzó a compartir cuentos de viejos refranes y proverbios, cada uno con una pepita de sabiduría. Entre ellas se encontraba la frase "El que mucho abarca, poco aprieta".

Abuela Rosa explicó a Karla y Bienvenido que este dicho enseñaba la importancia de centrarse en la calidad en lugar de la cantidad, enfatizando el valor de la profundidad sobre la amplitud en las propias actividades. Los niños, cautivados por los cuentos de Abuela Rosa, absorbieron la sabiduría que flotaba en el aire estival.

Intrigados por las lecciones del viejo dicho, Karla y
Bienvenido decidieron embarcarse en su propia
aventura por el suburbio con una nueva
comprensión. Abuela Rosa, con una sonrisa de
complicidad, los animó a abrir sus corazones a las
lecciones que les esperaban.

Su viaje los llevó a un animado mercado callejero, donde los vendedores mostraban una variedad de telas coloridas, artesanías hechas a mano y deliciosas golosinas. Karla y Bienvenido, guiados por la sabiduría del viejo dicho, notaron a un grupo de artesanos que elaboraban apasionadamente joyas

intrincadas con meticulosa atención al detalle.

Mientras observaban a los artesanos en el trabajo, Karla y Bienvenido se dieron cuenta de la belleza que se desplegaba cuando las personas se centraban en perfeccionar su oficio. La lección de "El que mucho abarca, poco aprieta" se hizo evidente: al concentrar sus esfuerzos en una habilidad o pasión específica, podían crear algo verdaderamente notable.

Su aventura continuó hasta un sereno patio adornado con flores en flor y sombreado por olivos centenarios. Los niños, guiados por la sabiduría del viejo dicho, notaron que un grupo de amigos participaba en una animada discusión sobre literatura, filosofía y artes.

Al unirse al intercambio intelectual, Karla y Bienvenido descubrieron la riqueza que provenía de profundizar en conversaciones significativas. La lección de "El que mucho abarca, poco aprieta" resonó en el patio, recordándoles que cultivar conexiones y conocimientos profundos traía más realización que una comprensión superficial de muchas cosas.

Su última parada fue un parque tranquilo con una fuente brillante, donde los niños jugaban y las familias se reunían para hacer picnics. Inspirados por las lecciones del día, Karla y Bienvenido decidieron organizar un evento comunitario para celebrar los talentos y pasiones de sus vecinos.

Mientras coordinaban las festividades, Karla y Bienvenido sintieron un sentido de propósito y unidad. La lección de "El que mucho abarca, poco aprieta" los guió a centrar sus esfuerzos en crear un evento significativo e impactante para su comunidad.

Mientras el sol se sumergía bajo el horizonte, proyectando un cálido resplandor sobre Córdoba, Karla y Bienvenido se encontraron de nuevo en su vibrante suburbio. Abuela Rosa les dio la bienvenida con una sonrisa de complicidad, sintiendo las historias de sabiduría que llevaban en sus corazones.

Los niños relataron sus aventuras, compartiendo las lecciones que habían aprendido sobre el proverbio "El que mucho abarca, poco aprieta". Abuela Rosa escuchó con un gesto gentil, reconociendo la sabiduría que habían ganado.

Les recordó que Córdoba prosperaba no solo por su animado ambiente veraniego, sino también por los corazones enfocados y apasionados de sus habitantes. La lección de concentrarse en la profundidad y la calidad en sus actividades los guiaría a través de futuros esfuerzos.

Mientras las estrellas brillaban por encima, Karla y Bienvenido se establecieron junto a la fuente, con el corazón calentado por las lecciones del verano. La sabiduría atemporal de "El que mucho abarca, poco aprieta" sería una luz guía, asegurando que Córdoba siguiera siendo un lugar donde las personas abrazaron la riqueza de los esfuerzos enfocados para las generaciones venideras.

Sabiduría 5: Al mal tiempo, buena cara
Laila y Blanco

Érase una vez, en el encantador centro de Pamplona, España, donde la primavera pintaba la ciudad con flores florecientes y una suave brisa transmitía el aroma de las flores de azahar, dos amiguitas llamadas Laila y Blanco vivían en un barrio rodeado de coloridas casas y animados mercados. Laila, con sus brillantes ojos de color ámbar que reflejaban el calor de la temporada, su piel de color marrón oliva a moderado que brillaba bajo el sol de la primavera y su cabello negro que caía en cascada como una cascada, residía en una acogedora casa adornada con macetas de geranios vibrantes.

Blanco, su alegre compañera, tenía ojos azules que combinaban con los cielos despejados de la primavera, una piel clara que parecía reflejar los suaves pétalos de

las flores en flor y un cabello rubio que brillaba como

los rayos del sol. Juntos, exploraron las bulliciosas calles y los rincones escondidos de su animado centro.

Una mañana brillante, mientras el canto de los pájaros y la risa de los niños llenaban el aire, Laila y Blanco decidieron embarcarse en una aventura primaveral por el corazón de Pamplona. El centro de la ciudad, lleno de la vitalidad de la temporada, los invitó a explorar sus encantadores alrededores.

Su primera parada fue la plaza central, donde se desarrolló un colorido mercado con vendedores que mostraban una variedad de frutas frescas, flores fragantes y artesanías hechas a mano. El aire estaba lleno de la dulce melodía de los músicos callejeros y el animado parloteo de la gente del pueblo. Laila y

Blanco, con los ojos muy abiertos de emoción,

paseaban por el vibrante mercado.

En el corazón de la plaza, se encontraron con la

Abuelita Carmen, una anciana sabia con un chal sobre

los hombros. Abuelita Carmen, con un brillo en los

ojos, saludó a los niños. Comenzó a compartir

cuentos de viejos refranes y proverbios, cada uno con una pepita de sabiduría. Entre ellas se encontraba la frase "Al mal tiempo, buena cara".

Abuelita Carmen explicó a Laila y Blanco que este dicho enseñaba la importancia de mantener una actitud positiva incluso en tiempos difíciles. Los niños, cautivados por los cuentos de la Abuelita

Carmen, absorbieron la sabiduría que flotaba en el aire primaveral.

Intrigados por las lecciones del viejo dicho, Laila y Blanco decidieron embarcarse en su propia aventura por el centro de la ciudad con una nueva comprensión. La Abuelita Carmen, con una sonrisa de complicidad, los animó a abrir sus corazones a las lecciones que les esperaban.

Su viaje los llevó a una animada calle llena de árboles en flor y coloridos escaparates. Laila y Blanco, guiadas por la sabiduría del viejo dicho, notaron a un grupo de niños jugando y riendo a pesar de una repentina lluvia de primavera.

Al unirse a las actividades lúdicas, Laila y Blanco se dieron cuenta de que una actitud positiva podría convertir un día lluvioso en una oportunidad para la alegría y la camaradería. La lección de "Al mal tiempo, buena cara" se hizo evidente: enfrentar los desafíos con una sonrisa hacía que las tormentas de la vida fueran más soportables.

Su aventura continuó hasta una encantadora cafetería con asientos al aire libre, donde el aroma del café recién hecho se mezclaba con el aroma de las flores en flor. Los niños, guiados por la sabiduría del viejo dicho, notaron a un grupo de amigos disfrutando de una tarde tranquila, apreciando los placeres simples de la vida.

Mientras saboreaban deliciosos pasteles, Laila y Blanco aprendieron que abrazar la belleza de cada momento y encontrar alegría en los placeres simples era una forma poderosa de enfrentar cualquier adversidad. La lección de "Al mal tiempo, buena cara" resonó en el café, recordándoles saborear la dulzura de la vida.

Su última parada fue un parque sereno con un colorido patio de recreo, donde las familias se reunían para hacer picnics y los niños jugaban en columpios y toboganes. Inspirados por las lecciones del día, Laila y Blanco decidieron organizar un evento comunitario para difundir la positividad y la alegría.

Mientras distribuían flores de colores y compartían sonrisas con sus vecinos, Laila y Blanco sintieron una sensación de calidez y unidad. La lección de "Al mal

tiempo, buena cara" los guió a difundir la positividad
y la amabilidad, creando un efecto dominó de alegría

en todo el centro.

Cuando el sol comenzó a ponerse, proyectando un
cálido resplandor sobre Pamplona, Laila y Blanco se
encontraron de nuevo en su animado barrio. Abuelita

Carmen les dio la bienvenida con una sonrisa de complicidad, sintiendo las historias de sabiduría que llevaban en sus corazones.

Los niños relataron sus aventuras, compartiendo las lecciones que habían aprendido sobre el proverbio "Al mal tiempo, buena cara". La abuelita Carmen escuchó con un gesto gentil, reconociendo la sabiduría que habían adquirido.

Les recordó que Pamplona prosperaba no solo por su animado ambiente céntrico, sino también por los corazones resilientes y positivos de sus habitantes. La lección de mantener una cara valiente en tiempos difíciles los guiaría a través del viaje de la vida.

Mientras las estrellas brillaban arriba, Laila y Blanco se asentaron junto a la ventana, sus corazones se calentaron por las lecciones de la primavera. La sabiduría atemporal de "Al mal tiempo, buena cara" sería una luz guía, asegurando que Pamplona siguiera siendo un lugar donde la positividad y la resiliencia florecieran para las generaciones venideras.

Back to the living room

Cuando los últimos rayos de sol se desvanecieron,
Isabella cerró el libro y la sala de estar volvió a su calor
familiar. Valeria y Domingo, con los ojos brillantes de
una nueva comprensión, se acurrucaron más cerca de
su madre.

-Gracias, mamá -susurró Valeria, con la voz llena de
asombro-. - ¡Esas historias fueron increíbles!

Domenico asintió, su rostro reflejaba la sabiduría que
había recogido. "Ahora entiendo los proverbios. Son
como pequeñas lecciones escondidas en historias.

Isabella les besó la frente, con el corazón rebosante de
orgullo. "Recuerda, mis amores", dijo, "estos
proverbios no son solo historias; son luces guía.
Úsalos para navegar tus propios viajes, para ser
consciente, para ser valiente y para enfrentar siempre
la vida con una sonrisa, incluso cuando el cielo está
gris ".

Conclusión

Mientras las brasas de la chimenea se apagaban, pintando la habitación con sombras parpadeantes, Valeria y Domingo se quedaron dormidos. Los proverbios, como pequeñas semillas, se habían metido en sus corazones, listos para florecer en valiosas lecciones de vida.

En los días que siguieron, las historias de su madre resonaron en su vida cotidiana. Cuando Valeria tuvo problemas con un problema matemático difícil, recordó el ratón ingenioso y perseveró. Cuando Domingo se sintió abrumado por sus tareas, recordó al malabarista y priorizó sus tareas. Juntos, enfrentaron los desafíos con una actitud positiva, sacando fuerza del viejo árbol sabio que resistió la tormenta.

La historia enseña el valor de los proverbios como cápsulas atemporales de sabiduría que pueden guiar e inspirar.

Enfatiza el poder de la narración de historias para hacer que conceptos abstractos como los proverbios sean identificables y atractivos.

Demuestra cómo el aprendizaje puede ser una experiencia compartida, fomentando la conexión y el crecimiento dentro de las familias.

La historia destaca la importancia de aplicar estas lecciones a la vida cotidiana, lo que lleva a una mayor autoconciencia, perseverancia y una perspectiva positiva.

En última instancia, celebra el legado perdurable de transmitir el conocimiento de generación en generación, asegurando que la sabiduría nunca se desvanezca realmente.

Learning Through Wisdom:

Bilingual Wisdoms Books for

Kids Ages 7-10

(Spanish & English)

Cultivate Values and Language Skills with Interactive Activities and Timeless Proverbs

Contents

Acknowledgments

For their comments on parts of this manuscript, in various forms. I thank Mary Akers, Judith Beck, Katrina Denzil, and Alicia Gifford. Carrie Hernandez, Kirsten Menger-Anderson.

And Rob Roberge. I am also indebted to Randa Jarrar, Maud Newton and Mark Saryas, for their faith and encouragement; Junot Diaz, Whitney Otto. And Diana Abu-.Taber, for their generosity; Lana Salah Barkawi, Lee Chapman, Susan Muaddi Darraj, and Tracey Cooper, for their tremendous encouragement during the writing of this book; and Shah. = Fain, for the gift of time. A big thank you to my agent, Stéphanie Abou. For her patience and dedication: my friends at the Joy Harris Literary Agency.

For their commitment; my editor, Antonia Fusco, for her insightful comments and enthusiasm; and everyone at Algonquin Books, for their hard work.

Thanks to my parents, Stefan and Madida Lalami, for many lively discussions during the writing of this book; my sister and brothers, who always acted as if I could, and I did: and Sophie, for never letting me forget what matters most. Most of all, thanks to Alexander Yera, for keeping the faith, even when I didn't.

Introduction

Ever wonder where the coolest, funniest, and most inspiring words come from? Well, buckle up, word detectives, because we're about to embark on a thrilling adventure – mining for quotes!

Forget pickaxes and shovels, though. This kind of mining happens with your mind, exploring books, movies, songs, even everyday conversations, searching for those nuggets of wisdom, wit, and wonder that make us think, laugh, and feel.

Imagine a world where every sentence is a potential treasure chest, waiting to unlock a hidden gem. We'll learn how to spot these gems, how to polish them up, and how to use them to build our own treasure trove of knowledge and inspiration.

But wait, there's more! We'll also discover the power of sharing our quotes with others, like building a giant, sparkling mountain of words that everyone can enjoy.

So, are you ready to unleash your inner quote miner? Grab your curiosity, your imagination, and a smile, because this adventure is about to get quotabulous!

In the living room

In the warm glow of the late afternoon sun streaming through the living room window, Valeria and Domingo, two curious children with eyes sparkling with wonder, peppered their mother, Isabella, with questions. Their voices, like the tinkling of wind chimes, filled the air as they bounced around her like excited puppies.

"Mama, Mama!" Valeria, the older of the two with fiery red braids, tugged at Isabella's sleeve. "What does it mean, 'En casa del herrero, cuchillo de palo'?"

Domenico, her brother, his brown eyes wide with equal curiosity, chimed in, "And what about 'Camarón que se duerme, se lo lleva la corriente'?"

Isabella smiled, her heart swelling with love for her inquisitive children. At 45, her life had taken on a new kind of richness, fueled by their insatiable thirst for knowledge.

"Ah," she said, her voice warm and inviting, "those are proverbs, little ones. They are like tiny capsules of wisdom passed down through generations, each one holding a story within."

Intrigued, Valeria and Domingo settled on the plush rug beside her, their eyes glued to their mother's face. Isabella, ever the storyteller, rose and retrieved a large, leather-bound book from the shelf beside her desk. Its worn spine and yellowed pages whispered tales of times gone by.

"Gather closer, mis queridos," she said, her voice taking on a theatrical lilt. "Let me transport you to a world where proverbs come alive."

With a flourish, she opened the book, and the living room transformed. The scent of old parchment filled the air, and the crackling of the fireplace seemed to echo with the murmur of forgotten voices.

"Once upon a time," Isabella began, her voice weaving a tapestry of words, "in a village nestled amidst rolling hills, lived a renowned blacksmith named Miguel. His forge, a symphony of clanging hammers and crackling flames, was known far and wide for its exquisite metalwork. Yet, Miguel's own kitchen knives were dull and chipped, a testament to the truth in 'En casa del herrero, cuchillo de palo.'"

Valeria gasped, "But why, Mama? Why wouldn't he make himself good knives?"

Isabella chuckled, "Because, mi querida, sometimes, when we are busy fixing the world around us, we neglect our own needs. Just like Miguel, focused on crafting masterpieces for others, forgot to take care of his own humble tools."

Domenico, his brow furrowed in thought, asked, "And what about the sleeping shrimp?"

Isabella's smile widened. "Ah, the 'Camarón que se duerme'! Imagine a vibrant coral reef, teeming with life. A tiny shrimp, lulled by the gentle current, drifts off to sleep, oblivious to the approaching tide. When it awakens, swept away by the powerful flow, it realizes the danger of slumbering in a world that never sleeps. This, my dears, is a reminder to stay alert, to seize opportunities, for life is a fleeting current that waits for no one."

The children were enthralled, their imaginations painting vivid pictures of Miguel's forge and the sleepy shrimp. As the afternoon light softened, Isabella continued her storytelling journey, each proverb unfolding like a vibrant tapestry.

With "Más vale ser cabeza de ratón que cola de león," she transported them to a bustling marketplace, where a tiny, yet resourceful mouse outsmarted a lazy lion, proving that even the small can achieve great things.

"El que mucho abarca, poco aprieta" became a cautionary tale of a juggler who, in his ambition to impress, dropped all his balls, teaching them the value of focus and prioritizing tasks.

And finally, with "Al mal tiempo, buena cara," they braved a raging storm, learning from a wise old tree that even in the face of adversity, a positive attitude can weather any hardship.

Wisdom 1: En casa del herrero, cuchillo de palo
Jaqueline and Bembe

In the picturesque borough of A Coruña, Spain, where spring blossomed with vibrant colors and the air was filled with the sweet scent of flowers, two young friends named Jaqueline and Bembe lived in a charming neighborhood adorned with cobblestone streets and quaint houses. Jaqueline, with her warm brown eyes that sparkled like chestnuts, extremely white skin that seemed to capture the purity of spring, and brown hair that flowed like a gentle stream, resided in a house nestled among blooming gardens.

Bembe, her adventurous companion, had gray eyes that mirrored the overcast skies, fair white skin that contrasted with the lively hues of the season, and black hair that glistened like the wet cobblestones after a spring rain. Together, they explored the alleys and parks that defined their tranquil haven.

One sunny morning, as the birds sang and the scent of freshly bloomed flowers wafted through the air, Jaqueline and Bembe decided to embark on an adventure through the heart of A Coruña. The borough, alive with the vibrancy of spring, seemed to beckon them to explore its enchanting corners.

Their first stop was the bustling town square, where vendors set up stalls with colorful displays of fruits, vegetables, and handmade crafts. The air was alive with the chatter of locals and the enticing aroma of fresh produce. Jaqueline and Bembe, their eyes wide with wonder, strolled through the lively market.

In the heart of the square, they encountered Abuelo Antonio, a wise elderly man with a cane adorned with carvings of flowers. Abuelo Antonio, with a twinkle in his eye, greeted the children. He began to share tales of old sayings and proverbs, each carrying a nugget of wisdom. Among them was the phrase "En casa del herrero, cuchillo de palo" – "In the blacksmith's house, a wooden knife."

Abuelo Antonio explained to Jaqueline and Bembe that this saying taught the importance of recognizing the irony in certain situations. The children, captivated by Abuelo Antonio's tales, absorbed the wisdom that floated through the spring air.

Intrigued by the lessons of the old saying, Jaqueline and Bembe decided to embark on their own adventure through the borough with a newfound understanding. Abuelo Antonio, with a knowing smile, encouraged them to open their hearts to the lessons that awaited them.

Their journey led them to a charming park, where blossoming cherry trees adorned the pathways with delicate pink petals. Jaqueline and Bembe, guided by the wisdom of the old saying, noticed a group of children playing beneath the shade of a massive oak tree.

As they joined the playful activities, Jaqueline and Bembe realized that appearances could sometimes be deceiving. The lesson of "En casa del herrero, cuchillo de palo" became evident – even the skilled blacksmith might have overlooked crafting a knife for his own home, just as they had expected to find a wooden knife in a blacksmith's house.

Their adventure continued to a historic blacksmith's workshop, where the rhythmic clang of hammers against anvils echoed through the air. The children, guided by the wisdom of the old saying, noticed the blacksmith diligently working on metal pieces.

As they observed the skilled craftsman, Jaqueline and Bembe learned that expertise in one area didn't necessarily extend to all aspects of life. The lesson of "En casa del herrero, cuchillo de palo" resonated in the workshop, reminding them to acknowledge their strengths and weaknesses with humility.

Their final stop was a cozy bakery, where the aroma of freshly baked bread and pastries enticed passersby. Jaqueline and Bembe, inspired by the lessons of the day, decided to try their hand at baking. The baker, a jovial señora named Carmen, welcomed them with open arms.

Señora Carmen, with a twinkle in her eye, handed them aprons and guided them through the process of making sweet treats. As the oven filled the bakery with the delightful scent of baking, Jaqueline and Bembe learned that everyone had their own expertise.

The lesson of "En casa del herrero, cuchillo de palo" guided them to appreciate the unique skills and talents of each individual.

As they enjoyed their freshly baked goodies, Jaqueline and Bembe felt a warmth in their hearts. The lesson of "En casa del herrero, cuchillo de palo" had permeated their day, reminding them to be understanding and accepting of the quirks and ironies of life.

As the sun began to set over A Coruña, casting a warm glow over the cobblestone streets, Jaqueline and Bembe found themselves back at their garden-surrounded house. Abuelo Antonio welcomed them with a knowing smile, sensing the tales of wisdom they carried within their hearts.

The children recounted their adventures, sharing the lessons they had learned about the proverb "En casa del herrero, cuchillo de palo." Abuelo Antonio

listened with a gentle nod, acknowledging the
wisdom they had gained.

He reminded them that A Coruña thrived not just
because of its historical beauty but also because of the
open hearts and understanding of its inhabitants. The
lesson of recognizing irony and appreciating each

other's unique qualities would guide them through life's journey.

As the stars began to twinkle above, Jaqueline and Bembe settled in their garden, their hearts warmed by the lessons of spring. The timeless wisdom of "En casa del herrero, cuchillo de palo" would be a guiding light, ensuring that A Coruña continued to be a place where understanding, humility, and acceptance blossomed for generations to come.

Wisdom 2 : Camarón que se duerme, se lo lleva la corriente

Jessica and Benedicto

On the serene island of Valladolid, Spain, where winter cast its gentle spell and the air was filled with the crisp scent of pine, two young friends named Jessica and Benedicto lived in a charming cottage surrounded by snow-covered landscapes and the soothing sound of waves. Jessica, with her enchanting gray eyes that mirrored the winter sky, fair skin that sparkled like fresh snow, and fiery red hair that stood out against the white backdrop, resided in a house nestled between pine trees.

Benedicto, her curious companion, had green eyes that reflected the lush greenery of the island even in winter, medium white to light brown skin that embraced the chilly season, and brown hair that seemed to mimic the earth beneath the snow. Together, they explored the frost-kissed paths and secret corners of their island sanctuary.

One chilly morning, as the sun painted the sky in hues of pink and gold, Jessica and Benedicto decided to embark on a wintry adventure through the heart of Valladolid. The island, adorned with frost-covered branches and blanketed in a pristine layer of snow, beckoned them to explore its magical realms.

Their first stop was a frozen lake, where the ice glistened like a field of diamonds beneath the morning sun. As they glided across the frozen surface, their laughter echoed through the silent landscape.

The air was filled with the promise of winter adventures.

In the midst of their icy play, they encountered Abuela Isabella, a wise old woman with a shawl wrapped around her shoulders. Abuela Isabella, with a twinkle in her eye, greeted the children. She began to share tales of old sayings and proverbs, each carrying a nugget of wisdom. Among them was the phrase "Camarón que se duerme, se lo lleva la corriente" – "The shrimp that falls asleep is carried away by the current."

Abuela Isabella explained to Jessica and Benedicto that this saying taught the importance of staying alert and proactive in life. The children, captivated by Abuela Isabella's tales, absorbed the wisdom that floated through the winter air.

Intrigued by the lessons of the old saying, Jessica and Benedicto decided to embark on their own adventure through the island with a newfound understanding. Abuela Isabella, with a knowing smile, encouraged them to open their hearts to the lessons that awaited them.

Their journey led them to a quaint village nestled among pine trees, where smoke curled from chimneys and the aroma of hot cocoa lingered in the air. Jessica and Benedicto, guided by the wisdom of the old saying, noticed a group of villagers collaborating to build a snowman.

As they joined the villagers in their snowy endeavor, Jessica and Benedicto realized the importance of staying active and engaged in their community. The lesson of "Camarón que se duerme, se lo lleva la corriente" became evident – just as a shrimp carried away by the current might miss the beauty of the sea, a person who falls asleep to life's opportunities might miss the joys of community.

Their adventure continued to a dense pine forest, where the trees stood tall and proud, their branches laden with snow. The children, guided by the wisdom of the old saying, noticed a family of birds working together to build a cozy nest in the shelter of the branches.

As they observed the diligent birds, Jessica and Benedicto learned that teamwork and cooperation were essential in facing life's challenges. The lesson of "Camarón que se duerme, se lo lleva la corriente" resonated in the snowy forest, reminding them to be proactive and work together to create warmth and security.

Their final stop was a windswept cliff overlooking the ocean, where the waves crashed against the rocks, creating a mesmerizing dance of sea and sky. Jessica and Benedicto, inspired by the lessons of the day, decided to build a makeshift sailboat from fallen branches and leaves.

As their improvised vessel sailed on a small puddle, Jessica and Benedicto felt a sense of adventure and discovery. The lesson of "Camarón que se duerme, se lo lleva la corriente" guided them to navigate the currents of life with awareness and courage.

As the sun dipped below the horizon, casting a warm glow over Valladolid, Jessica and Benedicto found themselves back at their cozy cottage. Abuela Isabella welcomed them with a knowing smile, sensing the tales of wisdom they carried within their hearts.

The children recounted their adventures, sharing the lessons they had learned about the proverb "Camarón que se duerme, se lo lleva la corriente." Abuela Isabella listened with a gentle nod, acknowledging the wisdom they had gained.

She reminded them that Valladolid thrived not just because of its winter beauty but also because of the active and vigilant hearts of its inhabitants. The lesson of staying alert and engaged in life's currents would guide them through future explorations.

As the stars twinkled above, Jessica and Benedicto settled by the fireplace, their hearts warmed by the lessons of winter. The timeless wisdom of "Camarón que se duerme, se lo lleva la corriente" would be a guiding light, ensuring that Valladolid continued to be a place where proactive spirits sailed through the currents of life with joy and resilience for generations to come.

Wisdom 3 : Más vale ser cabeza de ratón que cola de león

Julia and Berto

In a distant village nestled among the golden hills of Tarragona, Spain, where autumn painted the landscape in hues of red and gold, two young friends named Julia and Berto lived in a quaint cottage surrounded by vineyards and orchards. Julia, with her mesmerizing green eyes that reflected the colors of the autumn leaves, fair white skin that glowed like a harvest moon, and gray hair that flowed like wisps of silvery clouds, resided in a house adorned with climbing ivy.

Berto, her spirited companion, had hazel eyes that captured the warmth of the autumn sun, olive to moderate brown skin that embraced the changing season, and red hair that mimicked the fiery hues of the falling leaves. Together, they explored the winding paths and hidden corners of their charming village.

One crisp morning, as the aroma of freshly harvested grapes and apples filled the air, Julia and Berto decided to embark on an autumnal adventure through the heart of Tarragona. The village, alive

with the bustling activities of the harvest, beckoned
them to explore its enchanting surroundings.

Their first stop was the village square, where vendors
displayed an abundance of fruits, vegetables, and
handmade crafts. The air was filled with the lively
chatter of villagers and the sweet melodies of

musicians. Julia and Berto, their eyes wide with
excitement, strolled through the vibrant marketplace.

In the heart of the square, they encountered Abuelo
Miguel, a wise elder with a walking stick carved from
a gnarled branch. Abuelo Miguel, with a twinkle in
his eye, greeted the children. He began to share tales

of old sayings and proverbs, each carrying a nugget of wisdom. Among them was the phrase "Más vale ser cabeza de ratón que cola de león" – "Better to be the head of a mouse than the tail of a lion."

Abuelo Miguel explained to Julia and Berto that this saying taught the importance of embracing one's own strengths and capabilities rather than aspiring to grandiosity. The children, captivated by Abuelo Miguel's tales, absorbed the wisdom that floated through the autumn air.

Intrigued by the lessons of the old saying, Julia and Berto decided to embark on their own adventure through the village with a newfound understanding. Abuelo Miguel, with a knowing smile, encouraged them to open their hearts to the lessons that awaited them.

Their journey led them to a sun-kissed vineyard, where rows of grapevines stretched as far as the eye could see. Julia and Berto, guided by the wisdom of the old saying, noticed a group of villagers working together to harvest the ripe grapes.

As they joined the harvest festivities, Julia and Berto realized that every contribution, no matter how small, played a vital role in the success of the village. The lesson of "Más vale ser cabeza de ratón que cola de león" became evident – being a leader in a modest capacity was more valuable than being a follower in a grand one.

Their adventure continued to a picturesque orchard, where apple trees bowed under the weight of plump, red apples. The children, guided by the wisdom of the old saying, noticed a family of birds building a cozy nest in the branches.

As they observed the diligent birds, Julia and Berto learned that finding contentment in their own abilities and circumstances was a source of strength. The lesson of "Más vale ser cabeza de ratón que cola de león" resonated in the orchard, reminding them to appreciate the unique qualities and talents they possessed.

Their final stop was a tranquil hillside overlooking the village, where the autumn breeze carried the scent of ripened fruit and the distant laughter of children. Inspired by the lessons of the day, Julia and Berto decided to create a mural on a large rock, depicting the beauty and harmony of their village.

As they painted the vibrant scenes, Julia and Berto felt a sense of pride and fulfillment. The lesson of "Más vale ser cabeza de ratón que cola de león" guided them to celebrate their individuality and make a positive impact within their own sphere.

As the sun began to set, casting a warm glow over Tarragona, Julia and Berto found themselves back at their cozy cottage. Abuelo Miguel welcomed them with a knowing smile, sensing the tales of wisdom they carried within their hearts.

The children recounted their adventures, sharing the lessons they had learned about the proverb "Más vale ser cabeza de ratón que cola de león." Abuelo Miguel listened with a gentle nod, acknowledging the wisdom they had gained.

He reminded them that Tarragona thrived not just because of its autumnal beauty but also because of the content hearts and humble spirits of its inhabitants. The lesson of recognizing the value in one's own abilities and contributions would guide them through life's journey.

As the stars glittered in the night sky, Julia and Berto settled by the fireplace, their hearts warmed by the lessons of autumn. The timeless wisdom of "Más vale ser cabeza de ratón que cola de león" would be a guiding light, ensuring

Wisdom 4: El que mucho abarca, poco aprieta
Karla and Bienvenido

In the bustling city suburb of Córdoba, Spain, where the summer sun bathed the streets in warmth and the air was filled with the vibrant sounds of life, two young friends named Karla and Bienvenido lived in a neighborhood adorned with colorful flowers and lively markets. Karla, with her captivating hazel eyes that reflected the myriad hues of summer, medium white to light brown skin that glowed under the sun's embrace, and blond hair that shimmered like golden rays, resided in a charming house surrounded by blooming bougainvillea.

Bienvenido, her lively companion, had amber eyes that sparkled with the energy of summer, extremely white skin that mirrored the brilliance of the season, and gray hair that added a touch of wisdom to his youthful appearance. Together, they explored the vibrant streets and hidden corners of their lively suburb.

One sunny morning, as the aroma of street vendors' delicacies wafted through the air, Karla and Bienvenido decided to embark on a summer adventure through the heart of Córdoba. The suburb, alive with the hustle and bustle of the season,

beckoned them to explore its enchanting
surroundings.

Their first stop was the central plaza, where a lively
market unfolded with vendors showcasing an array of
fruits, vegetables, and handmade crafts. The air was
filled with the lively chatter of the townspeople and

the melodies of street musicians. Karla and Bienvenido, their eyes wide with excitement, strolled through the vibrant marketplace.

In the heart of the plaza, they encountered Abuela Rosa, a wise elder with a colorful shawl draped over her shoulders. Abuela Rosa, with a twinkle in her eye, greeted the children. She began to share tales of old sayings and proverbs, each carrying a nugget of wisdom. Among them was the phrase "El que mucho abarca, poco aprieta" – "He who embraces too much, squeezes little."

Abuela Rosa explained to Karla and Bienvenido that this saying taught the importance of focusing on quality rather than quantity, emphasizing the value of depth over breadth in one's pursuits. The children, captivated by Abuela Rosa's tales, absorbed the wisdom that floated through the summer air.

Intrigued by the lessons of the old saying, Karla and Bienvenido decided to embark on their own adventure through the suburb with a newfound understanding. Abuela Rosa, with a knowing smile, encouraged them to open their hearts to the lessons that awaited them.

Their journey led them to a lively street market,
where vendors displayed an array of colorful fabrics,
handmade crafts, and delicious treats. Karla and
Bienvenido, guided by the wisdom of the old saying,
noticed a group of artisans passionately crafting
intricate jewelry with meticulous attention to detail.

As they observed the artisans at work, Karla and Bienvenido realized the beauty that unfolded when individuals focused on perfecting their craft. The lesson of "El que mucho abarca, poco aprieta" became evident – by concentrating their efforts on a specific skill or passion, they could create something truly remarkable.

Their adventure continued to a serene courtyard adorned with blooming flowers and shaded by ancient olive trees. The children, guided by the wisdom of the old saying, noticed a group of friends engaged in a lively discussion about literature, philosophy, and the arts.

As they joined the intellectual exchange, Karla and Bienvenido discovered the richness that came from delving deeply into meaningful conversations. The lesson of "El que mucho abarca, poco aprieta" resonated in the courtyard, reminding them that cultivating profound connections and knowledge brought more fulfillment than a superficial understanding of many things.

Their final stop was a tranquil park with a sparkling fountain, where children played and families gathered for picnics. Inspired by the lessons of the day, Karla and Bienvenido decided to organize a community event to celebrate the talents and passions of their neighbors.

As they coordinated the festivities, Karla and Bienvenido felt a sense of purpose and unity. The lesson of "El que mucho abarca, poco aprieta" guided them to focus their efforts on creating a meaningful and impactful event for their community.

As the sun dipped below the horizon, casting a warm glow over Córdoba, Karla and Bienvenido found themselves back in their vibrant suburb. Abuela Rosa welcomed them with a knowing smile, sensing the tales of wisdom they carried within their hearts.

The children recounted their adventures, sharing the lessons they had learned about the proverb "El que mucho abarca, poco aprieta." Abuela Rosa listened with a gentle nod, acknowledging the wisdom they had gained.

She reminded them that Córdoba thrived not just because of its lively summer atmosphere but also because of the focused and passionate hearts of its inhabitants. The lesson of concentrating on depth and quality in their pursuits would guide them through future endeavors.

As the stars shimmered above, Karla and Bienvenido settled by the fountain, their hearts warmed by the lessons of summer. The timeless wisdom of "El que mucho abarca, poco aprieta" would be a guiding light, ensuring that Córdoba continued to be a place where individuals embraced the richness of focused endeavors for generations to come.

Wisdom 5: Al mal tiempo, buena cara
Laila and Blanco

Once upon a time, in the charming downtown of
Pamplona, Spain, where spring painted the city with
blooming flowers and a gentle breeze carried the scent
of orange blossoms, two little friends named Laila and
Blanco lived in a neighborhood surrounded by

colorful houses and lively markets. Laila, with her sparkling amber eyes that mirrored the warmth of the season, olive to moderate brown skin that glowed under the spring sun, and black hair that cascaded like a waterfall, resided in a cozy house adorned with pots of vibrant geraniums.

Blanco, her cheerful companion, had blue eyes that matched the clear skies of spring, fair skin that seemed to reflect the soft petals of blossoming flowers, and blond hair that shone like rays of sunshine. Together, they explored the bustling streets and hidden corners of their lively downtown.

One bright morning, as the chirping of birds and the laughter of children filled the air, Laila and Blanco decided to embark on a springtime adventure through the heart of Pamplona. The downtown, alive with the vibrancy of the season, beckoned them to explore its enchanting surroundings.

Their first stop was the central plaza, where a colorful market unfolded with vendors showcasing an array of fresh fruits, fragrant flowers, and handmade crafts. The air was filled with the sweet melody of street musicians and the lively chatter of townspeople. Laila and Blanco, their eyes wide with excitement, strolled through the vibrant marketplace.

In the heart of the plaza, they encountered Abuelita Carmen, a wise elder with a shawl draped over her shoulders. Abuelita Carmen, with a twinkle in her eye, greeted the children. She began to share tales of old sayings and proverbs, each carrying a nugget of wisdom. Among them was the phrase "Al mal tiempo, buena cara" – "In bad times, put on a brave face."

Abuelita Carmen explained to Laila and Blanco that this saying taught the importance of maintaining a positive attitude even in challenging times. The children, captivated by Abuelita Carmen's tales, absorbed the wisdom that floated through the springtime air.

Intrigued by the lessons of the old saying, Laila and Blanco decided to embark on their own adventure through the downtown with a newfound understanding. Abuelita Carmen, with a knowing smile, encouraged them to open their hearts to the lessons that awaited them.

Their journey led them to a lively street filled with blooming trees and colorful storefronts. Laila and Blanco, guided by the wisdom of the old saying, noticed a group of children playing games and sharing laughter despite a sudden spring shower.

As they joined the playful activities, Laila and Blanco realized that a positive outlook could turn a rainy day into an opportunity for joy and camaraderie. The

lesson of "Al mal tiempo, buena cara" became evident
– facing challenges with a smile made life's storms
more bearable.

Their adventure continued to a charming café with
outdoor seating, where the aroma of freshly brewed
coffee mingled with the scent of blooming flowers.
The children, guided by the wisdom of the old saying,

noticed a group of friends enjoying a leisurely afternoon, appreciating the simple pleasures of life.

As they savored delicious pastries, Laila and Blanco learned that embracing the beauty of each moment and finding joy in simple pleasures was a powerful way to face any adversity. The lesson of "Al mal tiempo, buena cara" resonated in the café, reminding them to savor the sweetness of life.

Their final stop was a serene park with a colorful playground, where families gathered for picnics and children played on swings and slides. Inspired by the lessons of the day, Laila and Blanco decided to organize a community event to spread positivity and joy.

As they distributed colorful flowers and shared smiles with their neighbors, Laila and Blanco felt a sense of warmth and unity. The lesson of "Al mal tiempo, buena cara" guided them to spread positivity and

kindness, creating a ripple effect of joy throughout
the downtown.

As the sun began to set, casting a warm glow over

Pamplona, Laila and Blanco found themselves back in

their lively neighborhood. Abuelita Carmen

welcomed them with a knowing smile, sensing the tales of wisdom they carried within their hearts.

The children recounted their adventures, sharing the lessons they had learned about the proverb "Al mal tiempo, buena cara." Abuelita Carmen listened with a gentle nod, acknowledging the wisdom they had gained.

She reminded them that Pamplona thrived not just because of its lively downtown atmosphere but also because of the resilient and positive hearts of its inhabitants. The lesson of maintaining a brave face in challenging times would guide them through life's journey.

As the stars twinkled above, Laila and Blanco settled by the window, their hearts warmed by the lessons of spring. The timeless wisdom of "Al mal tiempo, buena cara" would be a guiding light, ensuring that

Pamplona continued to be a place where positivity and resilience bloomed for generations to come.

Back to the living room

As the last rays of sunlight faded, Isabella closed the book, the living room returning to its familiar warmth. Valeria and Domingo, their eyes sparkling with newfound understanding, snuggled closer to their mother.

"Thank you, Mama," Valeria whispered, her voice filled with awe. "Those stories were amazing!"

Domenico nodded, his face reflecting the wisdom he had gleaned. "I understand the proverbs now. They're like little lessons hidden in stories."

Isabella kissed their foreheads, her heart brimming with pride. "Remember, mis amores," she said, "these proverbs are not just stories; they are guiding lights. Use them to navigate your own journeys, to be mindful, to be courageous, and to always face life with a smile, even when the skies are grey."

Conclusion

As the embers of the fireplace died down, painting the room in flickering shadows, Valeria and Domingo drifted off to sleep. The proverbs, like tiny seeds, had burrowed into their hearts, ready to blossom into valuable life lessons.

In the days that followed, their mother's stories echoed in their daily lives. When Valeria struggled with a difficult math problem, she remembered the resourceful mouse and persevered. When Domingo felt overwhelmed by his chores, he recalled the juggler and prioritized his tasks. Together, they faced challenges with a positive attitude, drawing strength from the wise old tree weathering the storm.

The story teaches the value of proverbs as timeless capsules of wisdom that can guide and inspire.

It emphasizes the power of storytelling in making abstract concepts like proverbs relatable and engaging.

It demonstrates how learning can be a shared experience, fostering connection and growth within families.

The story highlights the importance of applying these lessons to everyday life, leading to increased self-awareness, perseverance, and a positive outlook.

Ultimately, it celebrates the enduring legacy of passing down knowledge from generation to generation, ensuring that wisdom never truly fades.

Made in United States
Orlando, FL
30 November 2024